W0351994

DIE REIHE
Archivbilder

HAMBURG-HAMM

chterei u. Wurstfabrik.

DIE REIHE
Archivbilder

Hamburg-Hamm

Kerstin Rasmußen und Gunnar Wulf

SUTTON
VERLAG

Sutton Verlag GmbH
Hochheimer Straße 59
99094 Erfurt
http://www.suttonverlag.de

ISBN 3-89702-479-9

Druck: Midway Colour Print, Wiltshire, England

Inhaltsverzeichnis

Danksagung

Unser Dank gilt den ehrenamtlichen Helferinnen und Helfern des Stadtteilarchivs Hamm sowie allen Personen, die unsere Arbeit mit Fotos, Erinnerungen und Informationen unterstützen.

Der Damenschwimmverein Bille von 1897, Alsterstaffel 1928.

Vorwort

Die Geschichte der Dorfes Hamm ist viele Jahrhunderte alt. Das Dorf – gelegen auf einer Lichtung des Waldes Hamm, von dem der Name abgeleitet wird – zählt zu den ältesten Siedlungen in der Umgegend von Hamburg. Quer durch Hamm verläuft der Geestrücken, der den Ort in zwei Hälften teilt: in die im Volksmund Oben-Hamm genannte Geest und die als Unten-Hamm bezeichnete Marsch.

Ab dem 17. Jahrhundert errichten zahlreiche wohlhabende Hamburger auf der Geest ihre Sommersitze, so genannte Lusthäuser. Lange vor Blankenese zählt Hamm zu den beliebtesten Villenvororten Hamburgs. 1693 wird die Hammer Kirche errichtet, finanziert von eben diesen reichen Bewohnern. Nach dem großen Hamburger Brand von 1842 bleiben viele der Landhausbesitzer dauerhaft ansässig. Als schließlich die Hamburger Torsperre aufgehoben wird, wandern zusätzlich viele Menschen in die ländlichen Gebiete ab. Der natürlichen Entwicklung folgend, beschließt der Senat 1894, dass Hamm – wie auch andere Dörfer in der Umgebung – Stadtteil Hamburgs wird. In diesem Jahr leben 14.697 Menschen im jungen Stadtteil. Mittelpunkt ist zweifelsohne der Hammer Park, der bis 1914 im Privatbesitz der Familie Sieveking ist. 1920 wird er für die Öffentlichkeit zugänglich gemacht.

Unten-Hamm kann zunächst nicht flächendeckend bebaut werden. Um Wohnraum zu schaffen, ist eine Aufhöhung des Gebietes notwendig. Die Grundeigentümer schließen sich zum Hammerbrook-Konsortium zusammen und veranlassen mit Sand aus den Boberger Dünen eine Aufhöhung um teilweise mehr als fünf Meter. Ab 1909, dem Ende der Arbeiten, beginnt die intensive Bebauung. Es entstehen große Häuserblocks, von denen viele Schlitzbauten sind. Mittel- und Südkanal dienen von nun an zum einen der Entwässerung und zum anderen als preisgünstige Verkehrswege für die sich ansiedelnden Betriebe. Hierdurch ergibt sich eine enge Verknüpfung von Wohnen und Arbeiten.

Bis in das Jahr 1938 hat sich die Einwohnerzahl von Hamm auf rund 90.000 gesteigert. Während des Zweiten Weltkrieges werden ab 1940 zahlreiche Schutzräume gebaut, die aber lange nicht allen Menschen Platz bieten. In der Nacht vom 27. auf den 28. Juli 1943 bombardieren britische Fliegereinheiten den Stadtteil. Auf Grund außergewöhnlicher Witterungsverhältnisse entwickelt sich aus dem Flächenbombardement ein Feuersturm, der zur fast vollständigen Zerstörung des Stadtteils führt – das prägende Ereignis in der jüngeren Geschichte Hamms. Doch schon in den folgenden Kriegsjahren und im ersten Nachkriegsjahr kehren einige Bewohner zurück. Sie leben mehr schlecht als recht in Ruinen und notdürftig hergerichteten Kellern.

Der eigentliche Wiederaufbau setzt ab etwa 1950 ein. Auf Grund der Wohnungsnot entstehen wesentlich kleinere Wohnungen als vor dem Krieg. Der Süden des Stadtteils – Unten-Hamm – verändert gänzlich seine Struktur. Hier entsteht ein Gewerbegebiet, in dem nur noch wenige Menschen leben.

Das seit 1987 bestehende Stadtteilarchiv Hamm arbeitet nach den Methoden der erzählten Geschichte. Gespräche mit Zeitzeuginnen und Zeitzeugen stehen im Mittelpunkt der Arbeit. Über die Jahre ist mit großer ehrenamtlicher Unterstützung ein umfangreiches Fotoarchiv entstanden, dass zurzeit etwa 10.000 Aufnahmen enthält, die überwiegend aus Privatbesitz stammen. Aus diesem Fundus stammen sämtliche Fotografien in diesem Buch, das sich von den bisher publizierten in einem Punkt deutlich unterscheidet: Es handelt sich um einen Bildband. Die von uns ausgewählten Aufnahmen haben wir Kapiteln zugeordnet, die sich eng an den Themen orientieren, die bei Zeitzeugen üblicherweise im Vordergrund stehen und ihre persönlichen Erlebnisse nachvollziehbar machen. Dadurch stellen sie ein zeitgeschichtliches Dokument dar.

Die Autoren arbeiten seit vielen Jahren im Stadtteilarchiv Hamm, das sich als Anlaufstelle für junge und alte Bewohner des Stadtteils versteht. Stadtteilführungen und Barkassenfahrten halten die Erinnerung an das alte Hamm wach und machen Geschichte erfahrbar. Mit dem 1997 eröffneten Bunkermuseum ist ein Ort hinzugekommen, der darstellt, was die Hammer Bevölkerung während des Krieges durchleben musste.

Kerstin Rasmußen und Gunnar Wulf

1
Hamm um 1900

Als um 1900 erste fotografische Abbildungen von Hamm entstehen, dominiert in weiten Teilen Hamms noch der ländliche Charakter. Nur vereinzelt gibt es Großwohnhäuser. Erste Verkehrsverbindungen wie die Pferdebahn, die rasch von der Straßenbahn abgelöst wird, stehen zur Verfügung.

Das Foto zeigt den Blick in den Dorfgang von der Mittelstraße, heute Carl-Petersen-Straße. Um 1900 ist der Dorfgang fast ausschließlich mit kleinen Häusern bebaut. In Nummer 6 befindet sich die Molkerei Hardten.

Blick von der Hammer Landstraße in Richtung Osten auf das Eckhaus Hammer Landstraße 68 und Louisenweg 1, um 1900. Das Werbeschild vor dem Haus weist auf C. Gemmerich hin, Tapezier und Decorateur im Louisenweg 31.

Blick von der Mittel- in die Stoeckhardtstraße. An der linken Ecke erkennt man die Schlachterei Kalb mit der Adresse Mittelstraße 95, um 1900.

In der Mittelstraße 71, ab 1905 Mittelstraße 97, befindet sich um die Wende vom 19. zum 20. Jahrhundert die Gastwirtschaft mit dem Frühstückslokal von H. Witt. Interessant ist die Bekleidung der Damen. Die Aufnahme stammt von 1902.

Gastwirtschaften wie diese in der Mittelstraße 45 sind seit jeher ein beliebter Treffpunkt, etwa 1902.

Die Straße Landwehr mit der links abzweigenden Marienthaler Straße im Jahre 1905. Zu dieser Zeit dominieren neben den „modernen" Straßenbahnen Pferdefuhrwerke das Leben auf den Straßen.

Sonntäglicher Ausflug im Jahre 1906 in den Braußpark, eine Gartenanlage zwischen Hammer Landstraße und Bille mit zahlreichen Wassergräben. Nach einer flächenmäßigen Aufhöhung um bis zu fünf Meter verschwindet die Grünanlage und Wohnhäuser entstehen. Der Braußpark bleibt ab 1914 nur noch als Straßenname erhalten.

Die Alte Landwehr, im Volksmund Liebesallee genannt, verläuft parallel zur Burgstraße zwischen Hammer Landstraße und Mittelstraße auf der ehemaligen äußeren Befestigungsanlage der Stadt Hamburg. Die Landwehr war ein Wall mit beiderseitigen Gräben, die 1899 zugeschüttet wurden. Die Aufnahme entsteht 1906.

Die Bedachungsmaterialfirma Karnbach in der Wendenstraße 291. 1906 ist lediglich die Straße aufgehöht, sodass das Haus über kleine Stege zu erreichen ist. Das ursprüngliche Erdgeschoss ist zum Keller geworden.

Die alten Häuser am Borstelmannsweg, erbaut vor der Aufhöhung, sind nicht mehr ebenerdig. Die Läden im Erdgeschoss befinden sich seit 1906 im Souterrain. Neue Treppen sind erforderlich.

Bereits 1887 verkehrt zwischen Borgfelde und Ottensen eine Pferdebahn, die von der Straßenbahnlinie 22 abgelöst wird. Sie ist zu jener Zeit mit einem Dachzeichen, blauer Stern auf blauem Kreis, kenntlich gemacht. 1907 fährt sie auch durch die Hammer Landstraße.

Die Jordanstraße ist geprägt von Stadtvillen und dem typischen Kopfsteinpflaster. Im Vordergrund kreuzt die Mittelstraße, 1908.

Viele Straßenbahnlinien durchqueren 1908 Hamm, wie hier auf der Kreuzung Burgstraße und Bürgerweide.

Neubau in der Marsch. Erst die Pfahlgründungen tief durch den Sand hindurch in den Marschboden hinein ermöglichen die Errichtung von Gebäuden, 1911.

Der Borstelmannsweg, eine von der Hammer Landstraße nach Süden abzweigende Straße, im Jahre 1910.

Fisch oder Pferdefleisch? Das Fischgeschäft von Max Dubinsky im Dobbelersweg 17. Für Konkurrenz sorgt der im gleichen Haus angesiedelte Rossschlachter Regelin. Die Aufnahme entsteht zu Beginn des Ersten Weltkrieges.

Die in diesem Bereich mit Stampfasphalt versehene Ritterstraße mit Blick in Richtung Marienthaler Straße. Die Kinder können hier bestens Rollschuh fahren, 1919.

Auch im Haus Borstelmannsweg 147 zwischen der Süderstraße und dem Hammer Deich sind die unteren Räume zu Kellerwohnungen geworden. Bei starken Regenfällen muss die Feuerwehr anrücken, um die Räume wieder leer zu pumpen, 1932.

2
Wohnen

Wohnen zwischen Wasser und zahlreichen Einkaufsmöglichkeiten: Eine Idylle, zumal das nahe Stadtzentrum zu Fuß zu erreichen ist. In Oben-Hamm haben die Wohnungen einen guten Standard. In Unten-Hamm sind sie einfacher ausgestattet, manche Häuser haben nur eine Etagen-Toilette. Die Badewanne steht auf dem Balkon und wird bei Bedarf – meist für das Familienbad am Sonnabend – in die Küche geholt.

In dem Wohnhaus Mittelstraße 75 befindet sich das beliebte Tanzlokal und Restaurant „Monte Carlo“, das von den Anwohnern der Umgegend gerne aufgesucht wird, 1907.

Typisches Interieur einer Hammer Villa. Hier eine Innenaufnahme aus dem Jahre 1910 der Villa Kalkmann in der Straße Bei der Hammer Kirche 10.

Bewohner des Hauses Burgstraße 8 beim Generationen übergreifenden Kaffeetrinken, 1910.

Kinder aus der Sievekingsallee bestaunen den Teilnehmer einer Motorradwettfahrt auf seiner Zündapp-Maschine, 1928.

Automobile sind der wohlhabenderen Bevölkerung vorbehalten. Um 1930 gibt es noch keine Parkplatzprobleme vor dem Haus Meridianstraße 13.

Bewohner des Hauses Kreuzbrook auf ihrem Balkon. Wer gerade da ist, folgt dem Ruf des Fotografen. Denn Fotoapparate besitzt längst nicht jeder Haushalt, 1930.

Im Garten des Hauses Jordanstraße 17 werden Hühner gehalten. Die Häuser im Hintergrund stehen in der Straße Landwehrgarten, 1932.

Umzug mit einem Kleinlaster im Teutonenweg, 1932.

Blick in eine typische Küche der Dreißigerjahre, die rundum gefliest ist. Hier spielt sich das Leben der Familien ab. Dagegen wird das Wohnzimmer, „die gute Stube", nur selten benutzt. Diese Aufnahme entsteht im Haus Cimbernweg 1 im Jahre 1934.

Wohnen am Wasser mit Blick auf den Jachthafen: Die Neubauten rechts befinden sich in der Süderstraße, die Neubauten links in der Steinbeker Straße, 1936.

Großes Kinderfest auf dem Hof im Borstelmannsweg 122 a-d. Veranstalter ist die Baugenossenschaft Deutscher Arbeiter, 1936.

Der Innenhof der Süderstraße 251-259. Im Winter wird ein Teil der Fläche mit Wasser aufgefüllt und dient als Eisbahn, 1938.

Der Kleingartenverein Bille 4, Parzelle 41, im Jahre 1938.

Ein Fanfarenzug der NS-Organisation Deutsches Jungvolk zieht durch die Meridianstraße, 1939.

Das Wohnhaus im Lohhof 15 mit nationalsozialistischer Beflaggung. Wer nicht flaggt, droht unangenehm aufzufallen, 1938.

Blick vom Löschplatz über den Südkanal auf die „Sorbenburg“ – eine Wohnanlage – und das Zentrallager der PRO, 1940.

Das Standesamt befindet sich im Obererdgeschoss im Haus Mittelstraße 46 – zentral im Stadtteil gelegen. Praktisch, dass im Erdgeschoss eine Blumenhandlung angesiedelt ist. Die Aufnahme zeigt eine Kriegstrauung am 6. Dezember 1941.

Hochherrschaftliches Wohnen im Palais Ohlendorff in der Schwarzen Straße 1. Neben der Familie des durch Vogelmist reich gewordenen Guano-Fürsten wohnen hier etliche Künstler, 1942.

3

Spielen

Kinderparadiese sind die Kanäle mit ihrer abenteuerlichen Umgebung. Die vielen Höfe bieten auch den kleineren Kindern Freiraum. Beim Spielen auf der Straße werden die Kinder nicht von rasenden Autos, sondern von der Peitsche des Kutschers vertrieben. Nicht die Elektronik, sondern die Fantasie bestimmen das Spiel.

Ein im Volksmund „Abgrund" genannter, nicht aufgehöhter Bereich an der Ecke Döhnerstraße und Dobbelersweg bietet den Kindern ein ideales Spielrevier. Er bleibt auch später unbebaut und dient dann als Fahrradübungsplatz. Die Aufnahme entsteht um 1910.

Eines der beliebtesten Spielgeräte im Hammer Park ist die hölzerne Riesenschaukel. Sie steht im Sand des jetzt trockenen Plantschbeckens, 1922.

Eine typische Kinderaufnahme von 1925/26. Zu sehen sind Kinder aus dem Kentzlersweg.

Der Kleinkinderspielplatz im Hammer Park, an den sich Zeitzeugen liebevoll erinnern. Er ist stets zahlreich bevölkert, nur rechtzeitiges Erscheinen sichert die begehrten Plätze, 1926.

Kinder aus der 7. Klasse der Schule Hübbesweg 9 mit ihrer Lehrerin im Jahre 1927. Damals werden die Klassen nach Jungen und Mädchen getrennt und rückwärts gezählt. Deshalb werden die Kinder in die 8. Klasse eingeschult.

Überall in Hamm finden Kinder ihren Platz zum Spielen, so wie hier auf dem Mittelkanal. Rechts im Bild ist die Osterbrookbrücke, im Vordergrund sind Flöße der Firma Garbow aus der Wendenstraße zu sehen, Sommer 1928.

Spielen vor dem hochherrschaftlichen Restaurant „Herrenhaus" im Hammer Park. Das Automobil gehört H. Mönckemeyer, dem ersten Pächter des Restaurants. Der Zaun in der Bildmitte grenzt den Konzertgarten ab, 1928.

Soldatenspielen steht bei Jungen hoch im Kurs. Hier Kinder aus der Marienthaler Straße 27 auf dem Hof der Häuser 27 (links) und 29 (rechts), 1929.

Puppenmütter vor ihrem Wohnhaus in der Straße Moorende 25, an der Ecke zum Lohhof, 1930.

In der Straße Am Hünenstein fährt ein Kind auf einem „Holländer". Das quer stehende Haus hinten befindet sich in der Griesstraße, 1930.

Sandspiele der Kleinen sind auch in den Höfen möglich. Auf dieser Aufnahme spielen die Kinder zwischen der Chateauneufstraße und Am Hünenstein, 1932.

In der Bildmitte Rudolf Stahmer mit Nachbarskindern auf dem Spielplatz im 2. Droopweg. Im Hintergrund Häuser an der Ecke Wichernsweg, 1932.

Kleine Jungen auf ihren Dreirädern im 2. Droopweg, Sommer 1933.

Fast ländliche Idylle im Hof bei den Hinterhäusern im Borstelmannsweg 141. Diese Häuser müssen später wegen Feuchtigkeitsbefall abgerissen werden. Im Hintergrund sieht man ein Wohnhaus im Schadesweg, 1932.

Irene Hiescher beschäftigt sich im Sommer 1933 allein mit ihrer Puppenküche im Garten Horner Weg 24.

Die größeren Jungen finden ihr Vergnügen auf den Sportplätzen wie hier in der Straße Beim Gesundbrunnen. Die Häuser im Hintergrund stehen im Grevenweg, 1936.

Das Aschbergbad zieht im Sommer 1943 die Kinder magisch an. Im Vordergrund die Geschwister Nitschke.

Not macht erfinderisch. Auch im Krieg finden sich Spielgeräte: Als Boot dient diesem Mädchen ein aufgeschnittener Zusatztank eines Jagdflugzeuges. Im Hintergrund die Braune Brücke, die über die Bille führt, mit unzerstörter Gasleitung, 1944.

4
Arbeiten

Im Vorderhaus wird gewohnt, im Hinterhof wird gearbeitet. So mancher kann deshalb den Arbeitsplatz im Hinterhof in Pantoffeln erreichen. Vielerorts gibt es noch keine Maschinen, sodass Handarbeit gefragt ist. Lasten werden zumeist mit Pferdefuhrwerken und Schott'schen Karren transportiert.

Im Hinterhaus Marienthaler Straße 43 befindet sich die Brauerei der Familie Kapell, die auch einen Bierverlag hat, 1920.

Die Straßenbahn ist in den Kriegsjahren des Ersten Weltkrieges – neben den eigenen Füßen – das beste Mittel, um zur Arbeit zu kommen. In dieser Zeit übernehmen Frauen viele Arbeiten, die zuvor von Männern ausgeführt wurden. Diese Aufnahme zeigt eine Straßenbahn in der Kehre der Straße Landwehr, 1917.

Das Hauptkontor der weltweit tätigen Firma Lehmann & Hildebrandt, 1923. Sie stellt Papiererzeugnisse wie Briefumschläge und -papier her.

Wasserstraßen wie der Mittelkanal werden von den Hammer Betrieben als Transportweg genutzt. Es gibt Löschplätze mit großen Umschlagflächen, Anlegestellen und direkte Entlademöglichkeiten an den Speichern. Hier eine Anlegestelle an der Eiffestraße und im Hintergrund die Louisenwegbrücke, 1925.

In der Diagonalstraße 38 befindet sich ein großer Laden des Konsum-, Bau- und Sparvereins „Produktion" zu Hamburg. Es handelt sich um eine Konsumgenossenschaft, die kurz PRO genannt wird, 1925.

Ein Pferdefuhrwerk, voll beladen mit Futtermitteln, auf dem Weg zur Auslieferung in Höhe Mittelstraße 57, 1928.

Emsiges Treiben herrscht 1928 in der Waschstube des Magdalenstiftes in der Hammer Landstraße 204. Das Magdalenenstift hat sich zum Ziel gesetzt, junge Frauen, die sich prostituierten, wieder auf den rechten Weg zu führen.

Neben seiner Schott'schen Karre macht Wilhelm Götzke, gestützt auf einen Besen, eine kurze Verschnaufpause, 1932. Sein Arbeitsplatz ist die Kohlenhandlung im Hinterhof Wackerhagen 17, im Volksmund „Jerusalem" genannt.

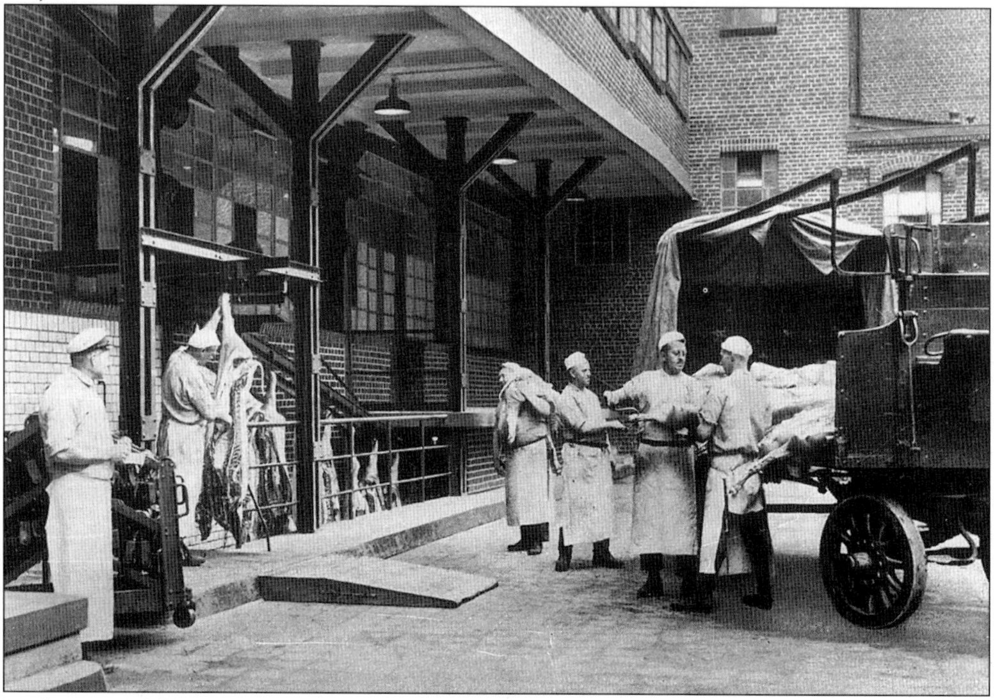

Nicht nur auf den Wasserwegen, sondern auch von der Straßenseite her kommen die Anlieferungen. Die Aufnahme zeigt die Anlieferungsrampe der Schlachterei der Konsumgenossenschaft PRO in der Wendenstraße 387 am Mittelkanal, 1930.

Gustav Böttcher auf seinem dreirädrigen Transport-Kraftfahrzeug, 1932. Der Firmensitz ist in der Hammer Landstraße 100.

Ein Dreirad-Auto mit Handhupe wie dieses im Hof der Farbenfabrik R. Hensel in der Süderstraße 235 ist ein häufig verwendetes Transportmittel, 1933.

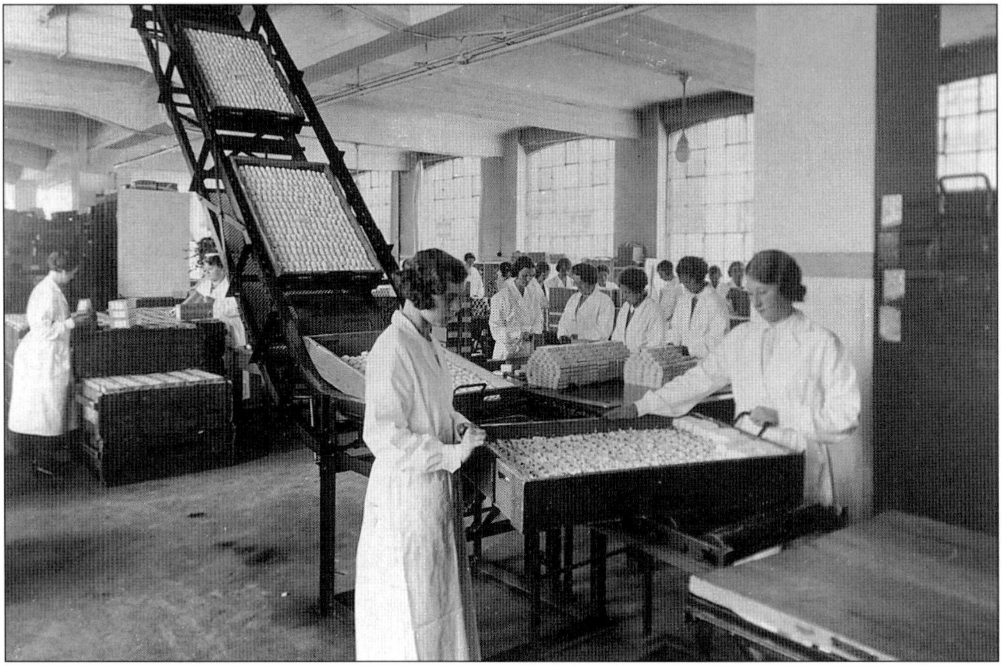

Die Verpackungsabteilung der weltbekannten Firma Promonta in der Hammer Landstraße, 1935. Promonta fertigt Haarwuchsmittel, Hautpflegeprodukte, Multivitamin-Präparate und Grippemittel. Eine moderne Fließbandanlage befördert die abgefüllte Ware zum Versand. Die Firma verlagert 1997 ihren Sitz nach Oranienburg.

Die Meiereianlage im Keller des Milchhändlers Gustav Böttcher in der Hammer Landstraße 100. Im Bild Gustav Böttcher neben Zentrifugen, Butterfass und Schlagsahneschläger. In die kleine Kanne läuft Buttermilch, 1936.

Fester Bestandteil im Straßenbild von Hamm sind die Bierkutschen. Dieses Gespann steht an der Ecke Quellenweg beim Kirchenpauer-Realgymnasium. Hinten links Häuser am Hammer Steindamm, 1937.

Zum 50-jährigen Geschäftsjubiläum der Essig- und Senffabrik Gebrüder Jonasson im Jahre 1939 nehmen die Firmenfahrzeuge in der Marienthaler Straße 34 und 36 Aufstellung für den Festzug.

Blick auf die in einem Hinterhof gelegene Essig- und Senffabrik der Gebrüder Jonasson. Die Belegschaft hat sich noch einmal zum 50-jährigen Geschäftsjubiläum aufgestellt. Im Hintergrund links die Rückfronten der Villen an der Jordanstraße, 1939.

Diese außergewöhnliche Aufnahme zeigt Dampframmen für die Gründungspfähle des zu errichtenden Verwaltungsgebäudes der Firma Gebrüder Leser in der Wendenstraße 133, 1941.

5
Geschäfte

Der Einzelhandel blüht. In vielen Wohnhäusern befinden sich im Souterrain oder Erdgeschoss Läden der unterschiedlichsten Art. Der Einkaufsbummel gestaltet sich manchmal länger als geplant: Ein Plausch mit dem Verkäufer gehört zum Alltag – man kennt sich schließlich.

Kolonial- und Fettwaren Carl Hiesener in der Döhnerstraße 28. Das Geschäft wird 1913 in die Diagonalstraße 13 verlegt. Die Aufnahme stammt aus dem Jahre 1908.

Die Häuser im Wichernsweg an der Ecke zur Hammer Landstraße mit den zahlreichen, typischen Geschäften, 1906. Bei der Baumgruppe im Hintergrund rechts wird später die Wichernkapelle stehen.

Im Borstelmannsweg 56 befindet sich das erste Geschäft des Kolonialwarenhändlers Heinrich Busse, 1906. Später wird es in das Haus Borstelmannweg 46 verlegt.

In der Jordanstraße 30 betreibt J. Borbis eine Privatschule, die in einer Villa untergebracht ist. 1933 muss die Schule aus finanziellen Gründen schließen. Die Aufnahme entsteht 1910.

Die Weinhandlung von Carl Harloff in der Hammer Landstraße im Jahre 1910. Ausgeschenkt wird aber auch Bier der Brauerei Bill-Bräu.

Das Blumengeschäft von Wilhelm Wachowiak liegt zwischen der Schuhmacherei Herzer und der Schmiede A. Sauermann in der Borgfelder Straße 56, 1922.

1925 befindet sich im Louisenweg 107 das Strumpfwarengeschäft von Frau R. Rischel. Ab 1938 handelt O. Krebs an dieser Stelle mit Bettwaren.

In den Gastwirtschaften herrscht sonntags reges Leben: Auf diesem Bild sind die Besucher der Gastwirtschaft von A. Schmidt in der Süderstraße 282 zu sehen, 1925.

Die Blumenhandlung Ikierski in der Sievekingsallee 24 zwischen Saling und Wolfshagen, 1927.

Die in der Süderstraße 176/178 gelegene Bäckerei und Konditorei wird von R. Böse (später Gebrüder Vondey) betrieben. Ebenfalls in der Süderstraße 178 steht das Hamm-Borgfelder Vereinshaus Küchelmann, 1928.

Paul Hesse handelt im Eckhaus Bundsensweg und Hammer Landstraße 240 mit Kolonialwaren, 1930.

Einfahrt zum Kohlenhandel von Wilhelm Becker im Hammer Steindamm 109 im Jahre 1934.

Blick vom Hasselbrook in den Hammer Steindamm. Links zweigt die Caspar-Voght-Straße ab. In nahezu jedem Haus befinden sich Geschäfte, 1936.

In der Süderstraße 204 zwischen Boitzen- und Grevenweg befindet sich das Schuhhaus von Otto Albers. Rechts daneben hat Frau Tonn ihre Gastwirtschaft, 1935.

Blick von der Ecke Diagonalstraße in die Hammer Landstraße, eine der Haupteinkaufsstraßen von Hamm, 1937. Die Geschäfte befinden sich auf der nördlichen Seite der Hammer Landstraße, die nach dem Krieg nicht wieder bebaut wird.

Die Filiale des Kolonialwarenhändlers W. Drewes in der Bethesdastraße 66 / Ecke Schwarze Straße, 1941.

6

Grünanlagen

Grünflächen gibt es reichlich im Stadtteil: Hammer Park, Rosengarten, Am Elisabeth-Gehölz und unzählige weitere. Den zugänglichen Anlagen ist gemein, dass sie von Jung und Alt, Arm und Reich gleichermaßen frequentiert werden. Wohlhabende Hammer Bürger leisten sich große Gärten, die von außen betrachtet wie ein Park scheinen.

Blick in den Thörl'schen Park mit der Kinderkutsche und den Söhnen der Familie, Hammer Landstraße 25. Die Aufnahme stammt von 1901.

Der weit bekannte und gefürchtete Wächter des Rosengartens, ein englischer Jockey, wurde „Oschi-Papa" genannt. Im Hintergrund erkennt man Häuser im Dobbelersweg / Ecke Hübbesweg, 1920.

Ausflug eines Kindergartens in das Elisabeth-Gehölz, 1926. Vera Flügge, die Vierte von links, wird die „Eisprinzessin von Hamm" genannt und nimmt später an den Deutschen Eiskunstlaufmeisterschaften teil.

Die Familie des Obergärtners Spangenberg auf der Veranda ihres Hauses im Hammer Park, 1926.

Blick vom Mittelplatz der Grünanlage Louisenweg (Vikarienweg) in Richtung Hammer Weg, 1926.

Die westliche der beiden Scheunen im Hammer Park – zu Zeiten Sievekings landwirtschaftlich genutzt –, in der die Kaffee- und Milchwirtschaft betrieben wird, 1927.

Beliebtes Badeleben im Plantschbecken des Hammer Parks. Hinter der großen Spielwiese verläuft die Straße Hammer Hof, 1927.

Der große Konzertgarten vor dem Restaurant „Herrenhaus", 1929. Der Konzertgarten bietet Platz für 3.000 Besucher.

Die zum „Landhauskaffee" umgebaute westliche Scheune im Jahre 1929.

Kunst im Hammer Park: Die von Alphons Ely entworfene Bronzestatue eines Kindes ist ein beliebtes Fotomodell für die Hammer Bevölkerung, 1929.

Blick von der Pergola-Anlage des Rosengartens durch den östlichen Eingang auf die Straße Wackerhagen 21-25 im Jahre 1930.

Trinkwasserbrunnen am Wegekreuz im Hammer Park. Im Hintergrund erkennt man die westliche Scheune mit der Milchwirtschaft, 1932.

Der Trinkwasserbrunnen aus Sandstein am Wegekreuz mit Blick in Richtung Caspar-Voght-Straße. Im Hintergrund rechts ist das Ufer des Plantschbeckens zu sehen, 1930.

Der Rosengarten mit Blick auf den Dobbelersweg und die Diagonalstraße, 1935.

Seltene Aufnahme vom Balkon des Hauses Dobbelersweg 41. Blick über den Rosengarten in Richtung Diagonal- und Eiffestraße. Oben rechts im Bild ist der Dreiecksplatz mit der Sandkiste am Osterbrook zu sehen, 1936.

Ausflug von Hammer Bürgerinnen: Die Gruppenaufnahme entsteht 1936 im Hammer Park.

Der Rosengarten in Blütenpracht mit den Häusern am Osterbrook, 1936.

Winteridyll im Rosengarten. Im Hintergrund Diagonal- und Eiffestraße, 1937.

7
Kirchen

Der Kirchgang gehört in aller Regel zum festen Bestandteil des Lebens. Zahlreiche Erinnerungen ranken sich u.a. um die Dreifaltigkeitskirche und die Dankeskirche. Bereits 1923 wird der Hammer Friedhof unter Denkmalschutz gestellt, weil hier viele Persönlichkeiten der Hamburger Aufklärung ihre letzte Ruhestätte gefunden haben.

Blick über den 1887 errichteten Spielplatz auf die Dankeskirche mit dem Pastorat in der Süderstraße 238 im Jahre 1910. Die Dankeskirche war im Jahre 1902 im Stil der norwegischen Stabkirchen erbaut worden.

Der evangelischen Dreifaltigkeitskirche gehören in der Straße Bei der Hammer Kirche die Häuser Nummer 14 bis 18. In Nummer 18 wohnt der Pastor. Die Aufnahme stammt von 1915.

Die Teilnehmer der Goldenen Konfirmation in der Dreifaltigkeitskirche stellen sich am Kriegerdenkmal dem Fotografen. In der Mitte Pastor Forck, 1934.

Kinder in feierlicher Kleidung bei ihrer Kommunion vor der katholischen Herz-Jesu-Kirche in der Straße Bei der Hammer Kirche 12 im Jahre 1936.

Aufnahme der Familie T. am Tage der Konfirmation des Sohnes in der Grünanlage am Hammer Weg, 1939.

Blick vom Wichernsweg auf die Wichernkapelle in Richtung des Magdalenen-Stifts, 1940.

Nach der Kriegstrauung eines Marinesoldaten in der Dankeskirche: Blick von der Ecke Süderstraße und Louisenweg in Richtung Kirche, 1942.

Kriegstrauung von Lotte Dose in der Dreifaltigkeitskirche, 1942.

Die evangelische Dreifaltigkeitskirche im Jahre 1925.

Gemeindeschwester Luise Abel von der Dankeskirche macht Hausbesuche in den Ruinen, 1944.

8
Krieg

1943 ist das wohl folgenschwerste Jahr in der Geschichte des Stadtteils Hamm. Nach heftigen Luftangriffen im Juli entwickelt sich ein Feuersturm, der für eine fast vollständige Zerstörung des Stadtteils verantwortlich ist: Bei Temperaturen von über 1.000 Grad können nur die Menschen überleben, die Schutzräume aufsuchen. 96 Prozent des Gebäudebestandes werden vernichtet.

Das Verwaltungsgebäude der Firma Promonta in der Hammer Landstraße 170/172 im Juli 1942. Davor die Gaststätte „Zum alten Landhaus", hinten Wohnhäuser am Droopweg.

Der im Bau befindliche Luftschutzbunker an der Ecke Schadesweg und Hammer Deich, 1941.

Arbeiter in der Süderstraße in Höhe der Einmündung Kreuzbrook, 1942.

Leben in den Trümmern der Eiffestraße, 1942.

Blick von der Straße Bei der Hammer Kirche auf den Aufgang zur Kirchenpforte am Vorplatz der Dreifaltigkeitskirche. Inmitten der Trümmer ragen noch die die Pforte flankierenden Straßenlaternen hervor, 1943.

Die Drogerie Westphal in der Mittelstraße 89 inmitten der Trümmerlandschaft, 1943.

Nur die Fahrbahn der Süderstraße ist 1944 bereits freigeräumt. Monate, zum Teil Jahre werden noch vergehen, ehe sämtliche Trümmer beseitigt sind.

Blick über die Ruinen am Borstelmannsweg auf die Schule Osterbrook, 1944.

Nur noch die Vorderfront dieser zerstörten Wohnhäuser am Dobbelersweg steht, 1943.

Georg Fehling beim Suchen nach Überbleibseln in den Trümmern seiner Wohnung in der Smidtstraße 13 im Jahre 1943.

H. Bischof vor der Ruine seiner Konditorei in der Mittelstraße 73. Links die Trümmer des Schuhhauses Dankert, 1943.

Ein Minentrichter in der Mittelstraße beim Lohhof auf Höhe der Hausnummer 119. Die Minenbomben sind in der Lage, ein mehrstöckiges Haus zu zertrümmern. Die Aufnahme entsteht 1943.

Blick vom Chapeaurougeweg auf die Trümmer des Hauses Am Elisabeth-Gehölz 6 im Jahre 1943.

Berthold Blecher steht vor der ehemaligen Töpferei seines Vaters H. Blecher, dem die Häuser Louisenweg 75 bis 81 gehören, 1943.

Ein Soldat 1943 auf Heimaturlaub vor dem zerstörten Haus seiner Eltern im Boonsweg 4.

Eingang des Hauses Lohhof 15: Nach der Ausbombung steht eine ehemalige Bewohnerin vor den Trümmern ihrer Wohnung, 1943.

Für Such- und Bergungsarbeiten in den Trümmern werden Häftlinge u.a. aus dem Konzentrationslager Neuengamme eingesetzt. So auch hier im Louisenweg 72 im Jahre 1943.

Überlebende der Bombenangriffe werden abtransportiert. Hier ein Lkw in der Hammer Landstraße / Höhe Louisenweg, 1943.

Blick von der S-Bahn-Brücke Ritterstraße in Richtung Sievekingsallee. In Höhe der Straßenlampe kreuzt die Marienthaler Straße. Im Hintergrund sieht man den Bunker in der Horst-Wessel-Straße, heute Sievekingdamm, 1943.

In Unten-Hamm sind viele nach Süden verlaufende Straßen abgeriegelt, weil Seuchengefahr durch noch nicht geborgene Leichen besteht. Hier der notdürftig zugemauerte Schadesweg, von der Süderstraße aus gesehen, 1943.

Ilse Wehnke 1944 mit ihren Kindern vor ihrem zerstörten Haus Dobbelersweg 21.

Englische Panzer nach der Kapitulation vor den Hausnummern 10 bis 18 in der Burgstraße. Gegenüber die Schule Burgstraße. Die Aufnahme entsteht im Mai 1945.

9

Nachkriegszeit

Aller Anfang ist schwer, besonders der Neuanfang. Katastrophal und primitiv sind die Lebensumstände und Behausungen, die als Notunterkünfte dienen. Nur allmählich hält das Wirtschaftswunder Einzug. Backstein wird das prägende Element des Wiederaufbaus. Nur ganz vereinzelt findet sich heute noch alte Bausubstanz aus der Zeit vor dem Zweiten Weltkrieg.

Im Hinterhof Dobbelersweg 56, Blickrichtung Norden, 1948.

In der Eiffestraße 632 bis 638 wird der bekannte Schrotthandel Kiesow gegründet: Hier Carl Kiesow mit Mutter und Vater im Jahre 1948.

Der Hof Süderstraße 294 mit der wieder aufgebauten Elektrofirma Otto Sternberg. Im Hintergrund Ruinen der Wohnhäuser im Schadesweg, 1949.

Leben in Trümmern: Gertrud Seidemann im Ewaldsweg 6. Rechts die Rückfronten der Häuser, 1949.

Trümmeraufbereitungsanlage im Thörls Park. Betonsilos nehmen den Trümmerschutt auf, um ihn zerkleinert in Loren abzufüllen, 1950.

Ein Tabakwarengeschäft wird in der Ruine im Borstelmannsweg 70, wo der Laden des Frisörs Knuppe gewesen war, eingerichtet, 1950.

Im Fahrenkamp stehen Behelfsheime, so genannte Schüttbauten. Die Bewohner sind bei der Bahn beschäftigt und helfen beim Bau mit. Hier das Behelfsheim Fahrenkamp 38 im Jahre 1950.

Auch Jahre nach Kriegsende dominieren die Trümmer das Straßenbild, um 1952.

Eine Wasserstation für die Trümmerbahn in der Hirtenstraße. Die Lorenbahn fährt die Trümmer am 28. September 1951 von der Aufbereitungsanlage im Thörls Park nach Öjendorf.

Ein neu erbautes Verwaltungsgebäude und die Tankstelle der Firma Lotherol in der Carl-Petersen-Straße 76, ehemals Mittelstraße. 1938 wurde die Firma unter dem Namen Herm. Lother & Co. in der Ohlendorffstraße 8 gegründet. Die Aufnahme stammt von 1956.

Hochzeit in der 1946 errichteten Behelfskirche der Dreifaltigkeitsgemeinde, 1953.

Im Juni 1954 wird im Hammer Park der Ententeich in Stand gesetzt, da die Lehmschicht durch die Luftangriffe zerstört ist und der Teich trocken liegt.

Familie Wulf 1954 mit Besuch aus Norwegen, der für Aufsehen sorgt, im Perthesweg 40.

Grundsteinlegung und Festgottesdienst für die neue Dreifaltigkeitskirche, die die Behelfskirche der Dreifaltigkeitsgemeinde ablöst, 16. September 1956.

Anwohner der Straße Am Elisabethgehölz bestaunen die waghalsigen Darbietungen, 1957.

Noch im Jahre 1960 müssen viele Firmen in so genannten Nissenhütten arbeiten. Hier das Büro der Firma Oelschläger & Oelschläger mit der Belegschaft in der Wendenstraße.

An der östlichen Grenze des Stadtteiles wird im September 1960 die Brücke für die Güterumgehungsbahn umgebaut, die hier die Hammer Landstraße überquert.

Diese
Bücher aus
Ihrer Region sind
im Handel erhältlich:

Sutton Verlag

BÜCHER AUS IHRER REGION

Hamburg-Bramfeld
(Ulrike Hoppe)
3-89702-470-5 / 17,90 € [D]

Bad Bramstedt
(Volker Ehlers und Judith Giese)
3-89702-406-3 / 17,90 € [D]

Glinde. Junge Stadt im Grünen
(Siegfried W. Jendert)
3-89702-128-5 / 16,90 € [D]

Lauenburg
(William Boehart)
3-89702-210-9 / 16,90 € [D]

Mölln. Eine Rückblende
(Alfred Flögel)
3-89702-083-3 / 14,90 € [D]

SUTTON VERLAG